Técnicas interrogativas sistémicas para especialistas y ejecutivos, asesores y orientadores

El significado de las preguntas en el ámbito laboral

por Hans Patzer

Índice

1. Introducción

En la vida profesional, aparecen normalmente cada vez más problemas que se discuten sin cesar en el equipo. No importa si la discusión tiene lugar en una sala de reuniones, por vídeochat o por correo electrónico. En una reunión, puede suceder muy rápido que todo gire en círculos y que no se perciba una solución a la vista. Por esta razón, para trabajar de manera eficiente, se precisa también de una conversación adecuada y razonable. En este sentido, se puede lograr mucho sobre todo con la técnica de interrogación apropiada. Para ello, sin embargo, los participantes deben conocer primero las diferentes técnicas de interrogación, así como ir más allá de las clásicas preguntas abiertas o cerradas.

Las preguntas sistémicas son, por lo tanto, de suma importancia en cada situación, especialmente en la vida profesional. Importante es también la comprensión de «quien pregunta dirige». Por lo tanto, es recomendable utilizar técnicas de interrogación sistémicas cuando también se puede controlar la conversación. En este libro, aprenderás la importancia de las preguntas sistémicas y qué clases diferentes existen en general. Los ejemplos prácticos te ayudarán a entender mejor el sentido y la utilización, así como a aplicarlos posteriormente, ya que se aprenderá la correcta técnica interrogativa al igual que la asunción de la conversación.

Las preguntas sistémicas representan una excelente forma de obtener más información o de cambiar de perspectiva, lo que posibilita romper con éxito las discusiones basadas en círculos. En el caso de entrevistas de trabajo, resolución de problemas en la empresa o con clientes, o bien ante conflictos en el equipo, se utilizan las técnicas de interrogación. Se debe aprender el empleo correcto para poder lograr resultados y llegar realmente a la solución deseada o a otro tipo información. ¡Disfruta de la inmersión en el mundo de las preguntas sistémicas, además de sus posibilidades!

2. El significado de las preguntas sistémicas

Las preguntas sistémicas son una **forma** especial de **técnica interrogativa**. Dado que hay diferentes tipos de preguntas, el término «preguntas sistémicas» engloba un concepto genérico. Las preguntas sistémicas no solo son conocidas y se emplean con frecuencia en la vida profesional, sino también en el *coaching* y en terapias. El significado principal de estas preguntas es que se **crean** y perciben **perspectivas** completamente **nuevas**. Sin estas técnicas especiales de interrogación sería mucho más difícil y tedioso obtener los mismos resultados. Muy pronto esto se hace evidente como máximo en la utilización de las preguntas en la práctica.

La importancia de las técnicas interrogativas es, en definitiva, enorme para cualquiera que trabaje en el campo profesional con consumidores, clientes o empleados. Siempre tiene sentido observar los **problemas** existentes desde **otra perspectiva** y no permanecer todo el tiempo obstinado en el mismo punto de vista. Las técnicas de preguntas son, por tanto, especialmente esenciales para las personas que trabajan con otras personas y que tienen que resolver problemas. En principio, se pueden asignar ciertas técnicas interrogativas a la comunicación correcta. Además, los problemas sistémicos son de gran consideración en cualquier forma de **resolución de conflictos y manejo de problemas**, lo que se aplica tanto al sector profesional como al privado. Finalmente, para el desarrollo ulterior de la personalidad y para una vida más feliz, se han de reconocer y modificar determinadas conductas dañinas.

Las preguntas sistémicas no son adecuadas para el supuesto básico de ser utilizadas como técnica de autoayuda. De ahí que siempre **se requieran al menos dos personas** para la utilización con el fin de lograr un cambio. No obstante, incluso en las discusiones grupales, las preguntas sistémicas son muy importantes. Por consiguiente, es posible obtener nuevas ideas y encontrar otras soluciones en una conversación entre dos personas al igual que en un grupo. En la próxima reunión de trabajo, ya podrás verificar en qué dirección se orientan las discusiones y cuándo o cómo se van a vislumbrar las soluciones. En este sentido, seguro que ya te has topado con preguntas sistémicas en más de una ocasión, y hasta puede que sin reconocerlas directamente a primera vista.

Además, también es útil saber si las preguntas sistémicas se reconocen como tales en una conversación, que es lo que crea justo la conciencia en la dirección en la que el interlocutor desea llevar la charla. Puede que también conozcas la sensación de ser manipulado u obligado a inclinarte en una cierta dirección, ¿no es así? Con el conocimiento de las preguntas sistémicas, reconocerás en cualquier caso si se efectúa una determinada influencia en el transcurso de una conversación.

3. El empleo de las preguntas sistémicas

Naturalmente, este tipo de preguntas sistémicas según la descripción anterior también se pueden aprovechar en la vida privada. Sin duda, se puede considerar uno u otro problema de una manera muy diferente o resolverlo. Así, por ejemplo, otro punto de vista puede ayudar a resolver la disputa actual con el socio o solucionar la tensa situación con los amigos. Ahora bien, resulta que las preguntas sistémicas pueden aplicarse a la perfección en muchas áreas, aunque estas cuestiones o las técnicas subyacentes son ante todo populares en el trabajo. Porque en la vida profesional suelen surgir con frecuencia problemas que en un primer momento parecen irresolubles; largas reuniones en las que una y otra vez se sigue machacando un problema, sin hallar nunca una solución. Estas son solo algunas de las situaciones iniciales donde las preguntas sistémicas representan en realidad una buena opción.

Algunas situaciones en las que se utilizan preguntas sistémicas:

- Hay problemas con un proyecto actual y el proyecto parece estar condenado al fracaso

- El cliente XYZ está causando problemas y la colaboración puede fracasar

- El beneficio ha disminuido y debe incrementarse de nuevo

- Las cifras de ventas están cayendo o los gastos en la empresa han aumentado de manera considerable

- Existen problemas interpersonales que afectan al trabajo

- La captación de nuevos clientes no funciona como se esperaba

- La competencia en el propio sector ha aumentado con fuerza y la existencia de la empresa se ve amenazada

- Los compañeros de trabajo son acosados en sus departamentos

- Numerosos despidos hacen peligrar el buen funcionamiento

- Durante una entrevista de trabajo, es conveniente obtener la mayor cantidad de datos posibles sobre el candidato.

Esta lista no del todo corta podría continuarse de manera arbitraria. Los ejemplos muestran claramente las posibilidades de los nuevos planteamientos a las preguntas. Por lo tanto, es muy interesante que muchas áreas de la vida profesional se involucren con las otras técnicas interrogativas, ya que sin la correcta comunicación y sin tener en cuenta otras opciones, no es fácil obtener suficiente información y soluciones. Después de todo, las personas tienden a dar vueltas en círculos en lugar de cambiar necesariamente su propia perspectiva de forma decisiva. Sin embargo, este **enfoque modificado** también es de gran importancia en la vida profesional para lograr más éxito y desarrollos más rápidos.

El problema en primer lugar es que tener que adaptarte a una nueva técnica de preguntas. Es muy fácil volver a caer en viejos patrones durante una conversación o discusión. Esto significa, sobre todo, que tienes que practicar intensivamente las nuevas preguntas y técnicas. Para ello, puedes dedicar un tiempo antes de aplicar realmente las opciones individuales en todas las discusiones. Por lo tanto, una buena opción es comenzar despacio y emplear tipos de preguntas individuales como, por ejemplo, empezar con preguntas circulares u orientadas a la solución, que se trata de las clases más fáciles de emplear y aplicar. Lo mismo se aplica a las preguntas de escalamiento, que siempre se pueden utilizar sin problemas. Asimismo, todo ello también creará un buen comienzo en la próxima conversación, como aprenderás en los próximos capítulos.

Empezar directamente con preguntas milagro o con preguntas paradójicas podría resultar abrumador, ¡tanto para ti como para los interlocutores! Además, también se debe tener en cuenta que el hacerse cargo de la conversación no es apropiado en todos los diálogos o en cualquier situación. No en vano existen seminarios en muchas grandes compañías en las que se invitan a todos los ejecutivos y donde se practican las habilidades de conversación. En este tipo de seminarios y los que se enfocan en la mejora de la comunicación, las preguntas sistémicas y su empleo siempre representan de hecho una parte importante. En los próximos capítulos, encontrarás una descripción detallada de los tipos de preguntas individuales con ejemplos para mayor claridad.

En cualquier caso, tiene sentido tratar el tema a nivel privado y entrenar gradualmente cada tipo de pregunta. Sobre todo al principio es interesante utilizar las preguntas sistémicas en la esfera privada, ya que de esta manera se pueden adquirir conocimientos y, sin duda, descubrirás cómo lograr cambios a nivel profesional. Para los trabajadores por cuenta propia, **aprender las preguntas sistémicas** también es de gran importancia porque de esta manera pueden mejorar de forma significativa el **trato con clientes, empleados y socios comerciales.**

4. Ventajas de la modificación de las preguntas

¿A quién no le resulta familiar? En el trabajo, a veces se le puede dar vueltas a un tema durante horas en reuniones y volver a analizarlo constantemente. Pero hallar una solución no es tan fácil y los empleados suelen comportarse como *lemmings* que siguen de manera obstinada un sistema bien conocido. Este tipo de reuniones tensan los nervios, alargan las horas de trabajo y, en realidad, no conducen a un resultado al final. Por lo tanto, tiene sentido abordar los problemas de manera diferente y es precisamente este otro enfoque y el **cambio de perspectiva** el significado subyacente de las preguntas sistémicas.

Pero, ¿por qué deberías en realidad abordar las preguntas sistémicas? ¿Cuál es el sentido de tratar los diferentes tipos de preguntas y de cambiar quizás tu propia forma de comunicación a largo plazo? En este punto, aprenderás más sobre las infinitas ventajas de la modificación de las preguntas. Al darte cuenta de los beneficios, sin duda tiene sentido realizar un cambio en la propia comunicación y la observación parece menos crítica.

Resumen de las ventajas de las preguntas sistémicas:

- ✓ Los patrones de comportamiento fijos se pueden romper y cambiar

- ✓ Surgen soluciones nuevas y creativas

- ✓ La conversación gira mucho menos en círculos

- ✓ Se reconoce y se aprovechan los recursos existentes

- ✓ Los problemas se observan desde diferentes ángulos

- ✓ La persona que realiza las preguntas recibe mucha información del interlocutor

- ✓ Opción de hacer los problemas más pequeños y menos temibles

- ✓ Se distingue la dinámica en grupos y en equipos

✓ Se brindan buenas oportunidades para la posterior solución de los problemas

✓ Se proporciona un buen comienzo a la conversación

Las extensas ventajas en este punto muestran la gran variedad de posibilidades que ofrecen las preguntas sistémicas. En muchos casos, una entrevista clásica, pobremente estructurada, ya no brinda ninguna información nueva, de ahí que tenga más sentido abordar este problema de manera diferente. Estarás sorprendiendo a tu interlocutor y, además, te obligará a hacerte pensar. Por lo tanto, siempre tiene sentido incorporar los diferentes tipos de preguntas al propio repertorio y practicar el diálogo profesional intensivo. A continuación, descubrirás en primer lugar las distintas variantes que existen en cuanto a las preguntas sistémicas en general, aunque seguramente haya mucho más de lo que te imaginas.

5. Las diferentes variantes de las preguntas sistémicas

Al principio, es cierto que parece como si las preguntas sistémicas fueran algunas opciones, pero todas se agrupan en una categoría principal. Pero este no es el caso porque ya se distingue entre algunas **variantes de preguntas**. Saber esto es el primer paso para la posterior aplicación en la práctica que es lo que en realidad lleva a la consecución de un objetivo. Las preguntas sistémicas se diferencian principalmente de las preguntas clásicas que, en su mayoría, son preguntas abiertas en las que se espera una narración, y preguntas cerradas conocidas. Si las preguntas son cerradas, solo se responde con un sí o un no porque la pregunta se ha formulado en consecuencia. Las preguntas sistémicas, en cambio, constan de algunos otros componentes y se pueden subdividir en estas categorías:

5.1 Preguntas circulares

Apreciar la situación desde la misma perspectiva suele ser el problema principal. Las preguntas circulares hacen referencia al **cambio de** esta **perspectiva** y a la observación la situación actual desde un punto de vista diferente. De esta manera, siempre surgen **nuevas ideas y enfoques** que realmente pueden conducir al éxito. Este enfoque es sobre todo interesante cuando la persona con la perspectiva particular está presente durante la conversación, ya que entonces el punto de vista no solo se puede cambiar, sino que la retroalimentación dada también es efectiva. Como regla general, no sabemos, o apenas sabemos, cómo afectamos a los demás, por lo que solo entonces se vuelve comprensible por qué ciertos puntos de vista son quizás muy personales y poco efectivos.

En cualquier caso, la comprensión de las preguntas circulares será mucho más fácil si aportamos algunos ejemplos. Las siguientes preguntas pertenecen a las preguntas circulares y, por tanto, también a las preguntas sistémicas:

- ¿Cómo se sentiría el cliente si le responde con esta actitud?

- Póngase en algún momento en el lugar de su compañero de trabajo. ¿Cómo reaccionaría él ante esta situación?

- ¿Por qué su interlocutor reacciona a su comportamiento de esta forma?

- Imagínese que está hablando con sus amigos o su pareja sobre esa cuestión. ¿Cómo reaccionarían exactamente y qué consejo le darían al respecto?

- ¿Qué espera su jefe de usted y desde qué perspectiva percibe esta situación su jefe?

- Intente imaginarse que es un observador externo. ¿Cómo reaccionaría este observador no implicado ante la situación?

¿Cuáles son concretamente las ventajas de las cuestiones circulares?

Lo especial de estas preguntas es que permiten un cambio del punto de vista, y este cambio puede ofrecerte muchos más resultados de los que tal vez te imagines.

Las ventajas de forma resumida:

- ✓ Se aprende a empatizar con otras personas

- ✓ Se adopta un nuevo punto de vista de las otras personas

- ✓ Se rompen pensamientos antiguos y estancados

- ✓ Se recopila información sobre la persona entrevistada

- ✓ Ayuda al interrogador a reconocer ciertas perspectivas y a identificar la dinámica de grupos o entre compañeros de trabajo

5.2 Preguntas orientadas a la resolución

El **pensamiento negativo** y el **enfoque** exclusivo **en un problema** suele prevalecer en las discusiones. Cuanto mayor es el problema, más nos centramos en él y más negativo es el punto de vista general, de ahí que se deban modificar tanto el punto de vista como el punto de partida. Una buena opción la ofrecen las preguntas orientadas a la resolución que se focalizan en las posibles soluciones. La ventaja de este enfoque es que el problema no se enfatiza tanto y la discusión es generalmente **más positiva** y existe una mayor probabilidad de encontrar soluciones, lo que precisamente se evita mediante una postura negativa que solo se fija en el problema.

Algunos ejemplos de preguntas orientadas a la resolución:

- ¿Existen posibilidades que conviene utilizar en este momento?

- ¿Cómo se resolvió este problema en el pasado?

- ¿Qué manera de proceder funciona especialmente bien?

- ¿Cuándo funcionó muy bien y qué se hizo de
  manera diferente en este caso?

- ¿Qué situaciones difíciles ya han sido resuel-
  tas por el departamento?

- ¿Qué factores son particularmente importantes para el éxito?

Centrarse en lo positivo no solo funciona con los propios pensamientos. Siempre tiene sentido no permanecer demasiado en los patrones de pensamiento negativos y ni siquiera alimentarlos con la desesperanza
que aparece con facilidad. Esta clase de preguntas representa, por lo tanto, una buena opción si se desea
encontrar soluciones al problema actual de manera
oportuna.

Las ventajas de forma resumida:

- ✓ La atención se dirige con fuerza a los aspectos positivos

- ✓ Se identifican con más facilidad recursos y posibilidades ya existentes

- ✓ Se fortalece la conciencia de que las soluciones son posibles y que están disponibles

- ✓ La vista se orienta hacia compañeros de trabajo o personas útiles del entorno

- ✓ Se conduce a una solución más rápida que la eterna discusión del problema existente

- ✓ Los pensamientos negativos no están en primer plano

5.3 Las preguntas hipotéticas

¿Qué pasaría si...? Las preguntas hipotéticas representan una buena opción para cambiar la perspectiva en la vida profesional, ya que con frecuencia se generan nuevas comprensiones que, de lo contrario, no se tendrían en cuenta. Puede que no obtengas la solución a un problema directamente, pero pensar más allá y experimentar con pensamientos también son aspectos importantes, por lo que puede aumentar la **creatividad de los encuestados**. En este caso, podemos exponer las siguientes preguntas de ejemplo:

- ¿Qué acción emprendería si el tiempo no importara en este momento?

- ¿Cómo sería su solución si dispusiera de un presupuesto ilimitado?

- ¿Qué haría si ya no tuvieras miedo al fracaso?

- ¿Cómo sería su trabajo ideal y en qué consistiría?

En realidad, se trata del popular juego **«¿Y qué pasaría si...?»**. Por encima de todo, lo interesante son las respuestas y posibilidades que se derivan de este. En definitiva, **las soluciones y los enfoques creativos** en la vida profesional suelen ser de gran importancia. Pero para activar estos recursos, es importante que los encuestados piensen más allá de sus límites. Ahora bien, hay que tener en cuenta que nadie debe ser condenado por sus respuestas y, además, el regodeo acerca de las respuestas es sin duda el camino equivocado. No en vano, el objetivo de las preguntas hipotéticas es justo obtener respuestas absurdas aunque quizás útiles.

Las ventajas de forma resumida:

- ✓ Se estimula la creatividad

- ✓ Surgen ideas que, de otra forma, no se tendrían en cuenta

- ✓ Las respuestas pueden aportar una base valiosa para futuras acciones y oportunidades

5.4 Preguntas de razonamiento

Con mucha frecuencia, solo realizamos lo que se nos pide que hagamos en el trabajo, y casi nadie analiza sus propias acciones correctamente. Por supuesto, esto es diferente en el caso de puestos más altos, pero aquí incluso entonces se suelen ejecutan muchas acciones sin cuestionarlas. La razón de este tipo de preguntas es, por lo tanto, la consideración de que los resultados también pueden cambiar si se **cuestionan** los **motivos** con más detalle. Siempre se trata de una oportunidad interesante para indagar en las motivaciones de los demás. Podemos incluir las siguientes preguntas de ejemplo en este apartado:

- ¿Por qué está tan convencido de ello?

- ¿Cómo llegó a esta conclusión?

- ¿En qué experiencia se basa su opinión actual?

- ¿Qué seguridad tiene de que el problema se pueda resolver de esta manera?

Al igual que con las preguntas orientadas a la resolución, las preguntas de razonamiento también se refieren a **cuestionar las propias opiniones**. Ser capaz de empatizar con otras personas y explicar por qué actúan así o piensan que una determinada forma de trabajar es la única vía, puede suponer un cambio muy significativo. Ese es exactamente el sentido subyacente de las preguntas de razonamiento, que sobre todo son muy populares en el ámbito profesional. Asimismo, estas preguntas en particular también se utilizan con mucha frecuencia en terapia, puesto que muchas personas rara vez se centran en detalle en sus acciones o piensan de modo reflexivo.

Las ventajas de forma resumida:

- ✓ Se cuestiona un comportamiento anquilosado

- ✓ La búsqueda de razones de ciertas formas de trabajar es el primer paso para la consecución de un cambio

- ✓ El interrogador se hace una mejor opinión de los encuestados

✓ Ayuda a entender a las personas del equipo o del grupo

✓ Se detectan puntos de vista muy unidimensionales y se puede romper

5.5 Preguntas milagro o hipotéticas extremas

En realidad, las preguntas milagro también pertenecen a las **preguntas hipotéticas** mencionadas anteriormente. Pero son tan **extremas e increíbles** que por eso ocupan su propia categoría. En cualquier caso, entre las preguntas sistémicas, este tipo de preguntas ayuda a pensar de manera diferente y quizás a generar ideas completamente nuevas. Algunos ejemplos de estas preguntas milagro que con seguridad aportan resultados interesantes son:

- Imagínese que mañana le toca ganar la lotería. ¿Qué pasaría después?

- De repente, recibe en su buzón la oferta para el trabajo de sus sueños que era aparentemente inalcanzable. ¿Qué cambiaría en su vida?

- El problema actual se resuelve de pronto en la próxima hora. ¿Qué pasaría después?

- ¿Cuál sería su trabajo actual en un mundo perfecto sin problemas?

Debes practicar y dominar las preguntas milagro en cualquier caso, especialmente porque el procedimiento es bastante inusual y puede dar lugar a respuestas muy interesantes. Aunque no sean obligatorias, los entrevistados sorprenden una y otra vez con **contestaciones dignas de interés**. No obstante, en el caso de que querer formular este tipo de preguntas, es importante **informar** de que se va a realizar esta forma de conversación, sobre todo si es la primera vez que se hacen preguntas milagro. Pero, con el anuncio apropiado, se pueden encontrar respuestas atrayentes y nuevas.

Las ventajas de forma resumida:

- ✓ Se garantiza que los encuestados asimilan una nueva motivación y piensan de forma positiva

- ✓ El foco se sitúa en la resolución de las preguntas

- ✓ Las respuestas pueden ser muy creativas

- ✓ Las ideas imaginativas pueden ser el punto de partida para una solución real

- ✓ Se desvía la atención del problema actual y de la percepción negativa

5.6 Preguntas de escalamiento

Una variante popular y una buena posibilidad de valoración las constituyen las preguntas de escalamiento que se suelen realizar con frecuencia. En realidad, este tipo de pregunta es muy simple porque solo tienes que preguntarte lo siguiente: en una **escala del 1 al 10**, ¿cómo calificarías el problema? Se puede aplicar a una gran variedad de situaciones y es muy adecuada para evaluar correctamente un problema. También **reduce la complejidad** y hace que el contratiempo sea menos temeroso que antes. Después de todo, suelen existir problemas que parecen ser particularmente complejos y casi imposibles de gestionar. Por esta razón, las preguntas de escalamiento representan un buen punto de partida en estos momentos. A continuación, exponemos algunos buenos ejemplos de esta clase de preguntas:

- ¿Cómo califica el problema actual en una escala del 1 a 10?

- Comparado con un problema anterior en el mismo ámbito: ¿dónde colocaría el problema actual en una escala?

- En una escala del 1 al 10: ¿cuál es su nivel de satisfacción en el trabajo?

- ¿Cómo evaluaría su nivel de estrés actual en una escala del 1 a 10?

Dar una clasificación o una especie de nota a un problema o al estado actual puede resultar muy útil. Sobre todo esta representación en una escala clarifica el alcance que tiene el problema actual y puede que sea más pequeño de lo que se pensaba al principio. La clasificación precisa siempre ayuda a **reducir los temores** y a percibir una dificultad como **mucho menos abrumadora**. Además, es sin duda el tipo de cuestión de las preguntas sistémicas más fácil de aprender por parte de todos. Al fin y al cabo, no se necesitan demasiados datos para formular una pregunta de este tipo según la situación. Los encuestados también pueden responder a las preguntas con facilidad y, a diferencia de muchos otros tipos de cuestiones, se sienten mucho menos distraídos.

Las ventajas de forma resumida:

- ✓ Se sugiere una forma más precisa de introspección
- ✓ Muy buena introducción a un tema y posibilidad de procesamiento posterior
- ✓ El que pregunta logra muchos conocimientos de la respuesta
- ✓ Forma muy sencilla del planteamiento de la pregunta
- ✓ Aplicable sin ninguna dificultad a cualquier situación
- ✓ Los cambios y las diferencias en los procesos de trabajo se detectan más rápido
- ✓ El progreso también se reconoce
- ✓ Se reduce el miedo a un problema

5.7 Preguntas paradójicas

En esta parte, se requiere hay un poco de creatividad mental. En primer lugar, las preguntas paradójicas no tienen que ver con resolver una pregunta o encontrar una buena solución. Más bien, la cuestión **se invierte** por completo en el **sentido contrario** y casi se le da la vuelta. A veces pueden surgir ideas muy absurdas y definitivamente muy creativas, aunque tampoco tienen por qué ser implementadas de inmediato. Ahora bien, a partir de estos pensamientos pueden resultar dichas soluciones. Se trata de pensar de una manera diferente o de que se den posibilidades que no se pueden encasillar en ninguna categoría. No obstante, en cualquier caso se necesita un poco de tiempo para poder aplicar este tipo de preguntas de verdad.

Citamos algunos ejemplos de preguntas paradójicas en el ámbito profesional:

- ¿Qué tendría que hacer para que el proyecto fracasara?

- ¿Cómo se las arreglaría para evitar conseguir un ascenso?

- ¿Cómo podría deshacerse con seguridad de posibles clientes?

- ¿Cómo podría empeorar el problema actual?

- ¿Qué medidas ayudan a ser realmente infelices?

Al igual que con las preguntas milagro, incluso con las preguntas paradójicas, tiene sentido hacer una pequeña **advertencia**, ya que de lo contrario los encuestados se sentirían rápidamente muy sobrecargados o desconcertados. Después de todo, se necesita un enfoque completamente diferente al habitual para que la pregunta se pueda responder bien. A veces resulta muy **útil** observar qué es lo que **funciona en cualquier circunstancia** porque justo en ese momento una situación se puede invertir de forma óptima.

Cuando se logra algo muy malo a través de un comportamiento determinado, puede que todo lo contrario ayude a resolver ese problema o, al menos, a acercarnos un poco más a la solución. Por lo tanto, también debes incluir preguntas paradójicas en tu repertorio, pero en cualquier caso tendrás que practicarlas porque son un poco más difíciles de implementar que algunos de los otros tipos de preguntas. En algunas ocasiones, puede que todas las otras técnicas de cuestiones no resulten útiles y que este tipo de pregunta concreta sí ayude a encontrar una solución. Después de todo, nunca puede ser perjudicial hacer frente a los problemas actuales.

Las ventajas de forma resumida:

- ✓ Un problema se ha exagerado en exceso y, por lo tanto, se plantea desde una perspectiva correcta

- ✓ Da la vuelta a una situación

- ✓ Muestra lo que no funciona y, a veces, conduce justo a la solución del problema

- ✓ Sorprende a los encuestados y hace reflexionar

- ✓ Útil en situaciones de bloqueo

✓ Deja espacio para nuevas soluciones creativas

6. Preguntas sistémicas: ¿qué conocimientos se requieren?

Las preguntas sistémicas son, por lo tanto, una forma específica del planteamiento de las cuestiones. Pero esto también significa que este planteamiento no es adecuado en todas las situaciones ni para todas las personas en la vida profesional. El prerrequisito básico es el **conocimiento de las preguntas correctas** y la sensibilidad de lo que se puede lograr exactamente con estas preguntas. Con cada comunicación, en última instancia, es importante **responder a las otras personas** y comunicarse en consecuencia. Por esa razón, solo puedes conseguir algo con preguntas sistémicas si te implicas por completo y escuchas a tu interlocutor. Por lo tanto, es muy importante un cierto conocimiento sobre la comunicación en sí misma, sobre la conversación y sobre el efecto a nivel psicológico.

Además, debes adquirir por a poco los conocimientos o, más bien, la intuición de cuándo tiene sentido en realidad un determinado tipo de pregunta. ¿Para ti son más importantes los **resultados rápidos en poco tiempo**? En este caso, las **preguntas orientadas a la resolución** son las adecuadas. Si, por encima de todo, se necesitan enfoques e ideas **creativos** y completamente nuevos, es preferible utilizar las **preguntas hipotéticas o las preguntas milagro**. Si, por otro lado, los procesos de trabajo y las ideas estancadas son los posibles inconvenientes, entonces deberías intentarlo una vez con las preguntas de razonamiento o las preguntas circulares. Pero no debes olvidar en la práctica que cuando emplees en poco tiempo, por ejemplo, preguntas milagro, o incluso preguntas paradójicas, notarás que se logran pocos resultados o ninguno.

En el siguiente capítulo, aprenderás mediante ejemplos prácticos cómo aplicar las preguntas sistémicas, pero también qué efecto pueden tener las preguntas individuales, puesto que precisamente este efecto se puede observar una y otra vez, si se ponen en práctica las técnicas de preguntas individuales. Los resultados suelen ser sorprendentes y experimentarás mucho más de esta manera que con preguntas simples abiertas y cerradas. La información obtenida de esta forma solo se debe utilizar en la práctica como corresponda.

Procedimiento para implementar con éxito las preguntas sistémicas

Ahora que tenemos el conocimiento y las posibilidades de la técnica especial de preguntas, solo nos hace falta el procedimiento exacto para la formulación correcta y la aplicación de las cuestiones. Después de los ejemplos prácticos, encontrarás además algunos consejos que te ayudarán con la formulación y el enfoque adecuados. Después de todo, poner en práctica la técnica constituye definitivamente el mayor desafío de las preguntas sistémicas. En este apartado, aprenderás algunas ideas sobre cómo puedes abordar mejor la formulación y la gestión ideal de la situación. No obstante, siempre debes comenzar con el problema correspondiente que sea el origen de una conversación.

Para las preguntas sistémicas, resulta apropiado el siguiente procedimiento:

1. Aclara en el primer paso el problema exacto y las razones por las que se debe abordar. Algunas preguntas que te ayudarán a limitar el tema son:

   - ¿Cuál es el problema?

   - ¿Cuáles son las consecuencias de este problema?

   - ¿Por qué es este asunto exactamente problemático?

   - ¿Quién está implicado y con quién se puede hablar de ello?

   - ¿Con quién no se puede hablar del asunto?

   - ¿Hay personas que no estén interesadas en resolver este problema?

   - ¿Hay aspectos obvios para todas las personas partícipes en la conversación?

2. Luego debes concentrarte en situar el problema actual en contexto con otros problemas y, quizás, filtrar las diferencias existentes. Esto también ayuda a una limitación más precisa y, por tanto, a descubrir cómo se va proceder. Pregúntate a ti mismo las siguientes cuestiones o limítalas con más detalle:

- ¿Quién se ve afectado?

- ¿En qué contexto se percibe el problema?

- ¿Cuándo apareció por primera vez el problema?

- ¿Desde cuándo y cómo surge el problema?

- ¿Hay condiciones y momentos en los que no se presente el problema?

- ¿El problema cambia o permanece siempre igual?

3. Delimita el problema con preguntas abiertas. Es muy importante para la solución y para la mejor formulación de las preguntas demarcar tanto como sea posible el problema existente. Las preguntas abiertas y, por supuesto, todos los aspectos relacionados con el contexto y las personas implicadas también ayudan.

4. Emplea preguntas sistémicas. Pero no debes formular las preguntas directamente, sino que debes crear y anotar **palabras clave**. Esto requiere un poco más de práctica al principio, pero se convertirá en un hábito después de un tiempo. En este apartado, puedes plantearte qué tipo de preguntas lograrán más resultados en este caso.

Es importante saber que las preguntas sistémicas por sí solas difícilmente pueden ayudar a resolver un problema. Se trata más bien de una forma diferente e interesante del planteamiento de las cuestiones que, de lo contrario, se pasaría por alto en muchas ocasiones. Además, se trata de **recopilar información** y de **entablar una conversación**. A menudo aparecen ideas y sugerencias que luego deben analizarse durante la evaluación. Asimismo, encontrarás algunos ejemplos directos en el siguiente capítulo donde podrás observar de inmediato que forman parte de la conversación y no del contenido completo. Es necesario que los datos obtenidos se elaboren y se apliquen de forma significativa, pero se trata de un método realmente muy bueno para cambiar de perspectiva y recopilar información.

Puede que este punto te estés preguntando si hay aspectos que se deben evitar con urgencia para utilizar con éxito las preguntas sistémicas, dado que, naturalmente, una conversación puede funcionar a la perfección y contribuir a la recopilación de información. Sin embargo, también puede llevar justo a lo contrario y a una total equivocación, por lo que se deben evitar algunos elementos directamente para al menos reducir la probabilidad de fracaso.

Técnicas y procedimientos menos útiles

Debido a la naturaleza de las cuestiones en las preguntas sistémicas, es muy posible provocar ira o irritación. Por ello, siempre debes elegir las preguntas con prudencia y formularlas de modo que exactamente obtenga las respuestas deseadas y ninguna reacción de enfado. En este sentido, deberías evitar los siguientes aspectos:

- Hacer varias preguntas a la vez y, por lo tanto, exigir demasiado al encuestado o al grupo

- Realizar preguntas con un tono amenazante, como si fuera un interrogatorio

- Formular preguntas poco claras o difusas y, por tanto, confusas.

- Pretender obtener siempre una respuesta determinada o ponerla literalmente en la boca del entrevistado

- Hacer numerosas preguntas en rápida sucesión, de modo que no haya oportunidad de responder

- Inclinarse por las preguntas sugestivas (como por ejemplo, cualquier pregunta que comience con «¿No es cierto que...?»)

Además, puede tener mucho sentido dar a los entrevistados la oportunidad de adaptarse a la técnica novedosa y desconocida antes de utilizar las preguntas sistémicas. Como resultado, también se puede evitar la irritación desde el principio y garantizar que los encuestados estén preparados para los nuevos métodos. Asimismo, puedes explicar brevemente de qué se trata y que lo principal es recopilar información y adoptar una perspectiva diferente. No es recomendable reprobar a los encuestados y no hay una respuesta correcta o incorrecta. Solo representa una nueva manera de obtener datos y de adquirir nuevos conocimientos.

7. Ejemplos en la práctica

Ahora tienes una idea más clara del significado y de las posibilidades que ofrecen las preguntas sistémicas. Sin embargo, el conocimiento no es, por lo general, suficiente para permitir la implementación en la práctica en una situación en punto muerto. Esta puesta en marcha, al igual que la presentación de las posibilidades, se vuelve más sencilla en el caso de poder observar más de cerca las situaciones. En este sentido, presentamos una serie de ejemplos prácticos que explican por qué estas preguntas tienen sentido en estas circunstancias.

¡Espero que disfrutes de la lectura y que tengas mucho éxito durante la prueba posterior! Después de todo, las preguntas sistémicas no solo son adecuadas para los ejecutivos, sino también para todos los demás empleados partícipes en discusiones profesionales. De esta manera, se suelen presentar mejores soluciones y más rápidas. De todas formas, un aspecto que siempre debes tener en cuenta al emplear las preguntas sistémicas es que la persona que hace la pregunta dirige la conversación. Si este no es el propósito o no es posible, debes considerar con atención si puedes y debes utilizar las preguntas en esta situación. Los siguientes ejemplos son breves extractos de conversaciones que muestran cómo y por qué se podrían aplicar bien las preguntas sistémicas.

7.1 Ejemplos prácticos de problemas con clientes

Tarde o temprano, surgirán problemas con los clientes en casi todas las empresas y se trata de algo que puede ocurrir en muchos niveles y, no con poca frecuencia, estas dificultades pueden ponen en peligro el éxito una compañía. En el peor de los casos, pueden producirse despidos o quiebras. Por este motivo, comenzamos nuestros ejemplos prácticos con algunas situaciones en las que se puede hacer uso de las preguntas sistémicas para resolver problemas con clientes.

7.1.1 Situación A: El cliente no ha pagado su factura y provee un gran volumen de ventas

Desafortunadamente, se trata de un cliente conspicuo para la empresa que no quiere pagar la última factura a pesar de los recordatorios. El volumen de ventas es importante y se teme que, ante un procedimiento de reclamación judicial, el cliente renuncie a la cooperación. En cambio, la compañía podría ampararse en un incumplimiento de pago que supondría una carga considerable para las reservas. Llegados a este punto, la Sra. Meyer, Gerente de Contabilidad, se sienta brevemente con su equipo y el personal del Departamento de Marketing.

> Sra. Meyer: «Supongamos que miramos nuestras cuentas en la próxima hora y el cliente ha pagado.
> ¿Qué pasaría y cómo procederíamos?».

> Miembro del equipo: «Por supuesto que nos alegraríamos de no saber que no tenemos ningún incumplimiento de pago. Pero la pregunta es más bien si seguiríamos trabajando con el

cliente, o si aceptaríamos solo pagos anticipados en el futuro».

Sra. Meyer: «Probablemente nos ahorraríamos muchas molestias con el pago por adelantado. La pregunta entonces sería si el cliente estaría dispuesto a aceptarlo o si se iría a otras compañías. Pero es obvio que no podemos trabajar con un cliente que nunca paga o que lo hace extremadamente tarde…».

Aquí observamos que se ha utilizado una **pregunta milagro**, que es lo **opuesto a una pregunta paradójica**, sobre la que aprenderás más en el siguiente ejemplo. Las preguntas milagro pertenecen a las preguntas hipotéticas y las exageran intensamente y, como en este caso, suponen casi la solución inmediata al problema. En definitiva, pueden ayudar a contrarrestar estos contratiempos con ideas muy absurdas y, de hecho, resolverlas posteriormente. Pero no se trata de un procedimiento que se pueda implementar muy rápido, por lo que debes ser un poco paciente a la hora de responder a las preguntas planteadas.

7.1.2 Situación B: el cliente principal Mayer se ha quejado últimamente sobre la calidad

La agencia de marketing en línea tiene, además del gran cliente Mayer, algunos clientes de medianas y pequeñas empresas. Sin embargo, depende en gran medida de este importante cliente debido al gran volumen de ventas. La pregunta en este caso sería cómo se puede satisfacer de nuevo al cliente y si realmente hay alguna pérdida de calidad u otras dificultades relacionadas con él. La directora del servicio de atención al cliente, Angela, ha llamado a todos los empleados para una entrevista.

> Angela: «Supongamos que el principal cliente Mayer anuncia mañana que rescinde de nuestros servicios sin previo aviso y les habla mal de nosotros a otros clientes. ¿Qué haríamos?».

> Miembro del equipo: «De ahora en adelante, tendríamos una pérdida masiva de ingresos y deberíamos centrarnos en los demás clientes para que no reaccionen de la misma forma a los malos comentarios. La búsqueda oportuna de nuevos clientes sería una opción».

Angela: «¿Creéis que podemos retener al cliente principal o que sería mejor sustituirlo por nuevos clientes?».

Equipo: «El principal cliente parece tener ahora problemas con nuestra cooperación de ahora en adelante. No hay un cambio visible en la calidad, donde siempre es difícil medirla con precisión en relación con los artículos. Si empezamos ya a buscar nuevos clientes, podemos evitar el peor escenario».

En este caso, aprenderás cómo lidiar con una **agravación negativa de los hechos** y qué oportunidades pueden surgir entonces. Se trata de una **pregunta paradójica** que exagera todo y ayuda a situar el problema en la perspectiva correcta, e incluso a hacerle frente, puesto que suele suceder que el problema actual no sea tan enorme ni imposible. Además, es útil tomar un poco de distancia en la solución del conjunto. Las preguntas paradójicas tienen igualmente el potencial de indicar cómo o por qué se mantiene el problema.

7.1.3 Situación C: Muchas devoluciones están perjudicando a la pequeña tienda online

Las tiendas en línea todavía siguen estando en auge, al menos cuando ofrecen buenos productos. Pero las mismas devoluciones suponen una pesada carga y ponen en riesgo a las pequeñas empresas. Eso es exactamente lo que sucede con la pequeña tienda Flying Bags, que se ha centrado en bolsos de cuero muy especiales con diseños únicos. Las numerosas devoluciones de los últimos pedidos ocasionarán que la facturación total sea bastante pequeña. En una reunión, los empleados tratan de buscar posibles estrategias que puedan ayudarles para que los compradores sigan siendo realmente clientes.

Jan pregunta a los otros miembros del equipo: «¿Qué manera de actuar funciona mejor?».

Steffie: «He escuchado de otras compañías que la lealtad de los clientes no es lo bastante fuerte si siempre se producen devoluciones».

Jan: «¿Qué medidas han adoptado otras empresas para fortalecer la lealtad de los clientes?».

Steffie: «Hay una oferta parcial que consiste en abonar a la cuenta del cliente tres o cinco euros, si no se realiza ninguna devolución. Asimismo, se envían correos electrónicos a los clientes preguntándoles acerca de sus experiencias, y los pequeños regalos en el paquete también pueden aumentar su confianza y reducir el número de devoluciones».

Jan: «Gracias por las buenas propuestas de resolución. Creo que deberíamos probar varias cosas: primero, vamos a empezar por los correos electrónicos y, además, considero que es útil un abono por la cantidad de tres euros si no se realiza una devolución. ¡Porque esto no solo anima a los clientes a quedarse con el pedido, sino también a volver a comprar los productos!».

Las **preguntas orientadas a la resolución** son un método excelente de obtener **sugerencias interesantes lo antes posible** ante este tipo de contratiempos. Además, este enfoque desvía la atención del problema existente hacia una visión más positiva. En la mayoría de los casos y en el caso de dificultades como en el ejemplo existente, también se mencionan ideas significativas. En definitiva, se trata de activar los recursos disponibles y no centrarse exclusivamente en el problema.

7.1.4 Lista de verificación para el planteamiento de preguntas sobre problemas relacionados con clientes

Resolver problemas con los clientes de la manera más rápida, eficiente y cuidadosa posible constituye una parte integral de la empresa. Sin embargo, no siempre resulta ser tan fácil porque muchos empleados se enfocan primero en el problema y no en una solución.

Debes tener en cuenta estos puntos a la hora de formular preguntas en estas situaciones:

> ➢ ¿Ha habido problemas similares en el pasado?

> ➢ ¿Puede que ya contemos con los recursos para la resolución del problema?

- ¿Los pequeños elementos pueden ayudar o es necesario dar grandes pasos para solucionar el problema?

- ¿La empresa está en juego o podrían encontrarse otros clientes con relativa rapidez?

- ¿Tiene sentido contactar con los empleados de otros equipos?

- ¿Los problemas se deben a una manera incorrecta de trabajar o a un enfoque equivocado, o suponen en realidad alguna pérdida de la calidad o del servicio?

7.2 Ejemplos prácticos de una competencia más fuerte

Aumento de la competencia, el colapso de las ventas o el cambio del comercio minorista fijo al negocio en línea: desafortunadamente, estas situaciones son muy comunes. Las compañías que no actúan de manera oportuna e inteligente pronto se encontrarán con serios problemas debido a la rápida evolución. A continuación, se detallan tres ejemplos prácticos que ilustran cómo las preguntas sistémicas pueden contribuir al diálogo y quizás también a una lluvia de ideas.

7.2.1 Situación A: La empresa tradicional se ve amenazada por la nueva competencia

Durante muchos años, la idea fue única en el mundo de habla alemana: la tradicional compañía Inca Bags se ha limitado a los complementos y las prendas de vestir importados de la zona andina. Los clientes podían formar sus propios patrones, colores y materiales. En principio, todo se desarrolló en una tienda minorista y, desde hace unos ocho años, también existe una tienda en línea que también funciona igualmente bien. En el curso de la globalización y el aumento de oportunidades, ahora hay competidores fuertes y que trabajan exclusivamente en línea, lo que también reduce los precios. En una asamblea de crisis, los diez empleados se reúnen en Alemania.

CEO a su equipo: «En una escala del 1 al 10, ¿cómo valora la amenaza planteada por el nuevo proveedor?».

Empleada Anna: «Yo valoraría la amenaza en un 6».

Empleado Jan: «Yo la valoraría en un 7».

CEO: «¿Por qué sitúa la amenaza de esa manera en la escala?».

Empleada Anna: «La oferta es interesante y muy similar a la nuestra. Sin embargo, he visto algunos comentarios de que la calidad no siempre es óptima. Las costuras de los bolsillos no son muy fuerte y, al parecer, algunas bufandas se han desteñido al lavarse».

Empleado Jan: «Son más baratos que nosotros y ofrecen una amplia gama. Pero no tienen ningún establecimiento y la tienda en línea está lejos de la nuestra en el ranking».

En este caso, se utilizó la **técnica** muy **simple de preguntas de escalamiento**. Por supuesto, este enfoque funcionaría sin la justificación y simplemente serviría para evaluar la amenaza de manera más realista. Los empleados pierden el miedo y abren sus mentes para otras soluciones y otros enfoques.

Aquí también es recomendable preguntar por los motivos de la valoración. Esta conversación ofrece un muy punto de partida muy bueno para obtener más sugerencias y soluciones. Quizás la compañía se está concentrando en el desarrollo de una calidad muy alta como único punto de venta. Además, el enfoque se centrará en una mayor optimización del ranking de la tienda en línea, con el énfasis en muchos años de experiencia y socios locales. No obstante, es cierto que la conversación no gira de forma negativa en círculos y es posible encontrar buenas soluciones que de hecho resulten útiles.

7.2.2 Situación B: El volumen de ventas en el establecimiento se ha visto interrumpido por la competencia por internet

La pequeña tienda de ropa de moda de Düsseldorf ha establecido una base de clientes leales a lo largo de los años. La especialidad de la boutique son los vestidos y las camisas exclusivas de Italia, así como los zapatos fabricados a mano. Un buen asesoramiento y un ambiente refinado siempre han contribuido a que acudan los más clientes adinerados. En 2018, las ventas disminuyeron abruptamente porque cada vez menos clientes compraban en la tienda. Ahora la propietaria, la Sra. Müller, está conversando con sus trabajadores para encontrar una solución muy necesaria y urgente.

La Sra. Müller al grupo: «Pongamos por caso que ni el presupuesto ni el tiempo nos importan en este momento. ¿Qué opción podríamos emplear entonces?».

Empleado X: «Si el tiempo y el presupuesto fueran ilimitados, podríamos crear una tienda en línea muy especial. Una que ofrezca algo más que productos auténticos con fotos y de diferentes tallas. Podríamos ofrecer asesoramiento personal y software en línea en el que los clientes pudieran ver cómo les quedan las prensas de ropa cargando sus fotos».

Empleado Y: «Podríamos hacer una página web de esa manera y presentar un diseñador en particular cada mes. Luego, podríamos introducir conjuntos enteros a nuestro estilo especial. Ante todo, deberíamos mostrarle al cliente lo que nos diferencia de otros proveedores y, si el dinero y el tiempo no importan, lo más importante es que tenemos que ser únicos».

Este diálogo es una breve presentación de un posible método de recopilar ideas. En este caso, se trata de una **pregunta hipotética** que pertenece a las preguntas sistémicas. De esta manera, la dueña, la Sra.

Müller, puede recopilar ideas sobre cómo salvar el negocio, aunque, naturalmente, el dinero y el tiempo sí juegan un papel destacado en el mundo real. La sugerencia de una tienda en línea se acercaría más a la solución en esta situación, pero la característica excepcional son los elementos especiales de la tienda, que no son tan obvios y sí despiertan un mayor interés.

7.2.3 Situación C: El blog conlleva menos ingresos debido a muchos blogs similares

Hace unos cinco años, Corinna lanzó su blog sobre la temática de viajar, en el que se ha centrado sobre todo en el aspecto de los viajes con mochila para mujeres. El tema central se enfoca en viajar sola y segura y se presentan muchos destinos exóticos con detalle. El éxito del blog le supuso buenos ingresos adicionales y, por esta razón, desde hace tres años Corinna tiene un socio de negocios, Tobias. Pero, en los últimos seis meses, los ingresos por publicidad se han desplomado extremadamente y ahora existen una serie de sitios web similares de otras mujeres. Por ello, Corinna y Tobias han acordado tener una reunión por videoconferencia.

Corinna: «Vamos a suponer que teniendo en cuenta esta situación hablas con tu novia sobre el problema actual. ¿Cómo lo vería ella y qué esperaría de un sitio web como el nuestro?».

Tobias: «Hum, bueno, voy a tratar de ponerme en su lugar. Para ella, las fotos siempre son muy importantes y ya lo ha dicho y señalado varias veces. Probablemente, ahora mismo no percibiría que la página web está ocupada de forma óptima por las fotos».

Aquí Corinna ha utilizado una **pregunta circular**. Tobías debe empatizar con otra persona y tratar de averiguar qué piensa esta o cómo ve el problema. En este caso, pueden surgir muchas respuestas, pero estas no siempre tienen que ayudar en la búsqueda de una solución, ya que siempre tiene sentido contemplar el mundo, o más bien el problema específico, desde una visión diferente o **desde otro punto de vista**.

El siguiente paso, por ejemplo, podría ser observar y optimizar realmente las imágenes de la página, o tal vez debería ser buscar una mejor presencia en las redes sociales. Ahora bien, ponerse en el lugar de otras personas, como socios, amigos o incluso clientes, puede ser muy eficaz en la búsqueda de una solución.

7.2.4 Lista de verificación: lo que se debe observar en situaciones similares

En estas situaciones especiales, es fundamental con trarse primero en la situación y el problema.

Al formular las preguntas sistémicas, presta atención a los siguientes puntos:

- ¿Cuál es el problema actual y hay alguna posibilidad hallar una solución en esta ronda?

- ¿Tiene más sentido hablar con todo el equipo o con cada de una de las personas por separado?

- ¿Qué datos se pueden obtener mejor?

- ¿Cuál es el estado de ánimo actual en el equipo y cómo de tan optimistas se muestran los empleados a la hora de tratar de dar una solución a los problemas?

- ¿Con qué empleados (en un equipo más grande) en concreto se ha de contactar para este problema? ¿Puede que tenga sentido entrevistar a los empleados de departamentos completamente distintos y así recopilar nuevas ideas?

7.3 Planteamiento de preguntas durante una entrevista de trabajo

Una entrevista de trabajo representa una situación básica clásica para el empleo de las preguntas sistémicas porque, con estas cuestiones, se puede extraer mucha información de los encuestados, y muchos más datos que con cualquier otra técnica de preguntas: de hecho, los encuestados ni siquiera suelen ser conscientes de todo lo que revelan. Aunque puede parecer una manipulación al principio, se trata de una forma común de conseguir información y saber si un candidato es adecuado para el puesto de trabajo pertinente.

7.3.1 Situación A: Max solicita un puesto de trabajo desde una situación desconocida para él

Max estudió marketing y tiene algo de experiencia en marketing online. Sin embargo, ahora está muy interesado en el ámbito del marketing de contenidos y quiere dedicarse más a la profesión de editor online.

Como no dispone en realidad de la experiencia profesional, el departamento de recursos humanos en este caso quiere saber más de Max y conocer sus motivaciones.

Departamento de recursos humanos: «En un mundo perfecto: ¿Cómo sería un día de trabajo para usted y en qué consistiría?».

Max: «En un mundo perfecto, mi día consistiría en tareas emocionantes, de modo que nunca sería aburrido, y la escritura abarcaría especialmente la mayor parte de mi tiempo porque se me da bien. Buenos compañeros y un ambiente de trabajo agradable redondearían el día».

Las preguntas con **«en un mundo perfecto»** pertenecen a las **preguntas milagro**. Se trata de medidas socorridas para **obtener datos** porque causa sorpresa entre los encuestados. En este caso, Max ha revelado algo sorprendente, que también se debe a la situación bastante tensa de la entrevista de trabajo. En cualquier caso, el departamento de recursos humanos descubre que las tareas variadas, un buen clima de trabajo y muchas tareas de oficina son importantes para Max. En el trascurso posterior de la conversación, se averiguaría se trata de un candidato adecuado para este puesto o no. También en esta situación, las preguntas sistémicas solo forman parte de la conversación y no constituyen la conversación completa.

7.3.2 Situación B: El departamento de recursos humanos quiere recopilar información sobre Tanja

Tanja ha solicitado un puesto de trabajo en el departamento de marketing de la empresa. Cuenta con experiencia profesional que, además, causa una buena impresión en el departamento de recursos humanos. Con algunas preguntas comprobarán de primera mano sus habilidades de resolución de problemas, ya que estos aspectos constituyen una parte fundamental del trabajo.

Departamento de recursos humanos: Supongamos que su cliente está muy insatisfecho con su trabajo y amenaza con cancelar el pedido.

Póngase en el lugar del cliente y luego reflexione en cómo percibe el cliente esta situación.

Tanja: Una vez que se diera la situación de que el cliente está insatisfecho por algunos detalles y la comunicación, me gustaría tener una conversación para aclararlo todo desde su punto de vista, aunque sobre todo con sugerencias sobre cómo resolver mejor los detalles. Muchos clientes se sienten más tranquilos si sus preocupaciones se toman más en serio y luego se abordan adecuadamente.

En este caso, el departamento de recursos humanos utiliza una **hipótesis** y la combina con una **pregunta circular**. El **problema** anterior **es ficticio** y realmente no existe en ese momento y, de hecho, suele ser siempre o casi siempre el ejemplo de las entrevistas de trabajo. Solo se trata de verificar qué perspectiva tiene la persona y cómo resolvería el problema. En este caso, Tanja demuestra que sabe responder a sus clientes y considera la comunicación muy importante, características que en definitiva son fundamentales en el ámbito de las funciones desempeñadas en marketing y en la colaboración con el cliente.

7.3.3 Lista de verificación: Consideraciones importantes ante preguntas sistémicas en las entrevistas personales

Especialmente en las entrevistas de trabajo, las preguntas sistémicas ofrecen una gran variedad de vías para obtener más información que en las conversaciones clásicas. Sin embargo, antes de formular las preguntas, debes tener en cuenta algunos aspectos para obtener la información exacta que deseas. Porque aquí, a diferencia de los siguientes ejemplos, no se trata de resolver los problemas ya existentes, sino más bien de abordar situaciones ficticias o de situar en un primer plano la recopilación de los datos.

Por lo tanto, debes prestar atención a los siguientes puntos:

> ➢ ¿A qué puesto de trabajo se presenta el candidato y qué funciones implica?

➢ ¿Es frecuente el contacto con el cliente o hay que resolver problemas delicados?

➢ ¿El solicitante ya cuenta con experiencia laboral?

➢ ¿Qué datos están disponibles y qué aspectos siguen siendo muy importantes para el puesto?

➢ ¿Existen sectores o características que podrían ser problemáticas con el tiempo?

7.4 Preguntas sistémicas en conflicto dentro del equipo

Cuando se trabaja en un departamento o incluso cuando se trabaja con varias personas, los conflictos pueden surgir muy rápido. Las respectivas personalidades, la motivación, la función y muchos otros aspectos juegan un papel importante. Si estos conflictos no se resuelven adecuadamente, no solo pueden afectar a las relaciones interpersonales, sino también al trabajo en sí. Las preguntas sistémicas ofrecen nuevos enfoques y muchas oportunidades para cambiar algún aspecto y adoptar otras perspectivas para resolver los problemas.

7.4.1 Situación A: El empleado Max ha cometido últimamente muchos errores por un enfado con sus compañeros

En realidad, Max siempre ha trabajado bastante bien y se ha dedicado a desempeñar su trabajo. De este modo, no ha generado grandes problemas con los compañeros. Pero, en los últimos dos meses, los errores se han acumulado y no parece que haya cambiado mucho en la situación privada o profesional. Es por eso que el Director de Recursos Humanos decide hablar con Max de este asunto.

Director de Recursos Humanos: «Max, me han comentado que últimamente ha habido algunos problemas por errores de tu parte. ¿Qué crees que espera de ti tu jefa, Christina, en esta situación?».

Max: «Creo que Christina espera que el trabajo se realice sin errores, pero últimamente he tenido problemas con mis compañeros de trabajo. Esto también ha significado una disminución de la concentración y más dificultades a la hora de desempeñar mis tareas».

Director de Recursos Humanos: «Si te pusieras en el lugar de tus compañeros, ¿cómo te verías en esta situación?».

Max: «Creo que yo también me molestaría y trataría en primer lugar de hablar con mis compañeros. Tal vez podría ayudar así y, con eso, los errores existentes se resolverían y podría haber menos errores en el futuro».

Las **preguntas de razonamiento** son, junto con las preguntas circulares, prácticas y útiles en este tipo de situaciones. En primer lugar, se trata de averiguar exactamente por qué alguien se comporta de una manera determinada en una situación particular. En este sentido, no estamos exentos de problemas como las dificultades con los compañeros de trabajo o de la ayuda inexistente aunque esperada.

No es tan fácil como parece porque se necesita la técnica correcta de preguntas para descubrir esa información. Asimismo, lo interesante de este caso es que los encuestados ni siquiera suelen saber por qué reaccionan de esa manera. Detectar patrones de comportamiento establecidos es, por lo tanto, el objetivo de las preguntas sistémicas y, precisamente para esta adquisición de información, este procedimiento es muy bueno y recomendable.

7.4.2 Situación B: Anna, la empleada en prácticas, ha sido víctima de acoso por parte de una compañera de trabajo

La empleada en prácticas ha estado trabajando en el departamento de marketing de la empresa durante dos meses. Anna se ha dirigido al jefe de personal hace unos días porque su compañera la está acosando y ya no puede soportar esta situación. Por este motivo, el gerente de recursos humanos ha solicitado una entrevista personal con la compañera mencionada para aclarar esta desagradable situación de la mejor manera posible.

Jefe de personal: «Le he pedido que venga para hablar sobre las acusaciones de acoso contra Anna, nuestra empleada en prácticas. Ahora me gustaría pedirle que se ponga en el lugar de Anna en la mayor medida de lo posible. ¿Cómo reaccionaría si Anna se comportara así con usted?».

La compañera: «Si Anna se hubiera comportado así conmigo y hubiera dicho estas cosas, es posible que me sintiera un poco ofendida. Sin embargo, no me duele realmente porque no podría hacer un comentario sobre mí de esa manera. Al fin y al cabo, fue una crítica hacia su trabajo y no hacia su persona».

Jefe de personal: «Entonces, en su opinión, ¿fue una crítica y no un comentario que se pudiera considerar como acoso? Pues, llegados a este punto, sugiero que vayamos a buscar a Anna para intentar encontrar una solución sensata».

Es cierto que en los conflictos, dependiendo de la situación exacta, es muy difícil encontrar una solución y tener una buena conversación. El jefe de recursos humanos utilizó el **método de preguntas circulares** en este caso, pero aquí también habría sido posible el empleo de las **preguntas de razonamiento**. Básicamente, en esta clase conflictos tiene mucho sentido que las personas empaticen con otras, puesto que ya sea ante una discusión, en casos de acoso u otros ataques, suele resultar útil el cambio de perspectiva.

7.4.3 Situación C: El Nuevo compañero de trabajo, Tom, es excluido del equipo

Tom se ha unido hace poco al departamento de contabilidad que existe desde hace unos cinco años. Actualmente, en el equipo hay dos compañeras y un compañero que también suelen salir juntos en su tiempo libre. Sin embargo, Tom no se encuentra del todo integrado y se siente marginado e insatisfecho, ya que ya lleva tres meses trabajando con ellos. Es por eso que la jefa de departamento, Nina, quiere tener una conversación con todo el equipo para saber más sobre el motivo.

Nina al equipo: «Tom ya lleva en vuestro departamento unos tres meses. Sin embargo, el compañerismo y el espíritu de equipo del principio ya no se sienten de esa manera. Jana, ¿qué opinaría por ejemplo tu pareja acerca de por qué existe esta difícil situación en el departamento ahora mismo?».

Jana al equipo: «Bueno, mi pareja siempre está buscando las similitudes entre las personas. En este caso, se preguntaría si Tom podría tener algo en común con nosotros para fomentarlo».

Nina: «¿Hay alguna afinidad de este tipo que quizás pueda fortalecer la unión?»

Tom: «Creo que a todos nos gusta el sushi. Quizás podemos ir un día al centro a comer a un japonés».

Equipo + Nina: «Claro, podemos hacerlo».

Al final, todos se ponen de acuerdo para quedar a comer el próximo viernes. Sin duda, se trata de un buen comienzo para una mejor integración o incluso para siempre.

En una situación de este tipo, las **preguntas circulares** suelen revelar revelan las **causas del problema**. Pero a veces no resultan útiles y puede suceder que sean necesarias las conversaciones por separado. O, tal vez, es posible que el nuevo miembro del equipo simplemente sea una persona que no es compatible con los demás compañeros. No obstante, siempre tiene sentido, sobre todo, abordar las razones y descubrir dónde podría estar el problema. En este ejemplo, comer juntos puede servir para romper el hielo, pero no tiene por qué funcionar, por lo que este punto también debe tenerse en cuenta a la hora de utilizar esta clase de técnicas de preguntas.

7.4.4 Lista de verificación: lo que se debe tener en cuenta antes de las preguntas sistémicas en caso de conflictos

Especialmente en el caso de los conflictos, se puede romper o empeorar mucho la situación con el empleo de la técnica incorrecta. Esto no se debe ignorar del todo y, por lo tanto, siempre debes pensar detenidamente qué preguntas tienen sentido y son apropiadas antes de una conversación.

Es recomendable que consideres los siguientes aspectos:

- ✓ ¿Entre qué personas existe el conflicto?

- ✓ ¿Es posible una discusión en grupo o la mejor solución es realizar conversaciones por separado?

✓ ¿Las personas tienen un comportamiento equivalente al tuyo para que incluso te puedan decir cosas útiles?

✓ ¿Dónde radica exactamente el conflicto?

✓ ¿Ha habido conflictos similares en el pasado y, de ser así, cómo se resolvieron?

8. Conclusiones

Las preguntas sistémicas brindan muchas posibilidades a la hora de adoptar un punto de vista diferente y resolver problemas. Las situaciones aparentemente desesperantes se pueden distender y también es posible minimizar el temor a un problema o una situación. Asimismo, la ruptura de comportamientos incoherentes y la visión desde la perspectiva de otra persona también apoyan los cambios. Sin embargo, las preguntas y los ejemplos prácticos también demuestran que no se trata de un método de aprendizaje a muy corto plazo. Para transformaciones a largo plazo, para la mejora de las conversaciones y una resolución más rápida de los problemas, es importante practicar de manera intensiva los nuevos tipos de preguntas.

Un buen empleo de la conversación requiere empatía y la capacidad no solo de escuchar, sino también de responder a las personas a quienes se les formulan las preguntas. Por consiguiente, se precisa mucha habilidad para perfeccionar las preguntas sistémicas. Con el tiempo, la práctica se traduce en poder llevar

el control de la conversación y llegar a soluciones significativas de una forma más rápida. Incluso las es-
tructuras o los problemas muy complicados y de procesos se pueden resolver o abordar de otra manera.
Las preguntas sistémicas representan, en definitiva,
una herramienta muy oportuna en la comunicación
que deben conocerse especialmente en la vida profesional y, sobre todo, para iniciar una conversación
o adoptar otros puntos de vista.

Hans Palzer

Aviso legal

asesoramiento ni a la asistencia médica o profesional.

9 783967 160468